奥 运 会 的 科 技 传

战车狂飙的日子

——古代奥运的故事

中国科学技术馆　组织编写

殷　皓　主　编

中国科学技术出版社

·北京·

图书在版编目（CIP）数据

战车狂飙的日子：古代奥运的故事 / 中国科学技术馆 组织编写；殷皓主编. --北京：中国科学技术出版社，2012.7（2019.8重印）

（奥运会的科技传奇）

ISBN 978-7-5046-6098-5

I. ①战… II. ①中… ②殷… III. ①奥运会 – 历史 – 少儿读物 IV.① G811.219-49

中国版本图书馆 CIP 数据核字（2012）第 087926 号

主　　编	殷　皓
副 主 编	黄体茂　欧建成
执行主编	廖　红
编　　委	（按姓氏笔画排序）
	任贺春　李　根　吴甲子　周明凯　赵志敏　曾　敏
插　　图	高莉莉　刘艳艳　马　洁
电脑制作	刘　荫　王丹丹　王　唯　张丽丽　张玄烨

策划编辑	肖　叶　李　睿
责任编辑	李　睿
封面设计	高莉莉　马　洁
责任校对	林　华
责任印刷	李晓霖

中国科学技术出版社出版

北京市海淀区中关村南大街 16 号　邮政编码：100081

电话：010-62173865　传真：010-62173081

http://www.cspbooks.com.cn

中国科学技术出版社有限公司发行部发行

天津泰宇印务有限公司印刷

*

开本：720 毫米 ×1000 毫米　1/16　印张：6.5　字数：120 千字

2012 年 7 月第 1 版　2019 年 8 月第 2 次印刷

印数：8001—28000 册　定价：22.50 元

ISBN 978-7-5046-6098-5/G・583

科技助奥运，未来更辉煌

代 序

2012年又是一个奥运年。全世界不同国家、不同民族四年一次的盛会正在向我们走来。

科技，一直和奥运相伴。尽管创办奥运会的初衷是为了唤起人类自然属性的回归，但百余年来，奥运与科技的结合愈发紧密。奥运发展史就是科技发展史的一个侧面，科技的发展促进了奥运会从运动竞技成绩的提高到保障比赛的公平，从运动员的训练、装束到奥运比赛的实况转播、安全保障，从奥运设施建设与奥运服务至奥运会的组织管理等的全面提升与进步。直至今日，甚至可以说奥运会的每个角落都已经深深地烙上了科技的印记。

本套丛书面向青少年，以他们喜闻乐见的漫画形式，从古代奥运的故事、运动器材和装备、推动奥运的科技、科学健身与训练、运动的技术含量五个部分阐述奥运与科技的关系。每部分由20个妙趣横生的小故事组成，通过故事展现奥运精神及科技在奥运中的作用。故事后还配有头脑加油站，对故事中的科技点加以提炼和拓展，便于加深青少年的认识。丛书旨在帮助青少年了解奥运，弘扬奥林匹克精神，理解科技在奥运中的作用，从而普及奥运中的科学知识，弘扬科学技术是推动社会进步的根本力量。

走过了百余年历史的奥运，最初仅是"原生态"的体能比拼，如今早已经离不开科技的支持与保障。或者说，奥运会不仅是体育比赛也是科技比拼。两者相结合，为我们呈现了精彩纷呈的奥运盛典。这是历史的选择，是人类进步的足迹。

有科技相助的奥运，必将成就更为辉煌的未来。

中国科协书记处书记
中国科技馆馆长　徐延豪

教练爷爷想考考绅士鸭和小·熊们，问问他们关于奥运会的历史知识，谁知他们一个也答不上来。教练爷爷决定带他们去城里的奥运博物馆逛逛，因为在那里可以学习到很多关于奥运会的历史知识。

然而在博物馆参观时，他们阴错阳差地穿越到了古希腊。更糟糕的是，穿越门被几个古希腊人拿走了，没有穿越门他们就无法回到现实世界中。古希腊人提出了交换条件，绅士鸭和小·熊们必须用14块金币来换穿越门。

迫不得已，他们只能通过参加奥运会比赛才能得到金牌。

教练爷爷

一个胖嘟嘟的可爱小老头，他的本领可大了！尤其是有关奥运的知识，没有他不知道的。

由于教练爷爷懂得很多科学健身的知识，所以他的身体很强健、很灵活！

贝贝熊

他所有记忆都和吃有关，比如最大的嗜好就是吃，最想做的事情是吃尽天下的美食，最害怕的事情是饿肚子。噢！对了，贝贝熊不让我跟你们说的！小朋友们一定要帮我保守这个秘密呀！

眼镜熊

眼镜熊很好学，不管走到哪里手里都要拿着他最喜爱的那本书，真是走到哪儿学到哪儿！但眼镜熊可不是个书呆子呀！它很喜欢体育锻炼，最喜欢的运动就是跨栏了，真是个文体双全的好孩子！

笑笑熊

一路吹着泡泡，游遍千山万水！多么悠哉的梦想啊！这便是笑笑熊的梦想。英姿飒爽就是她的性格，从她的梦想里就能看得出笑笑熊最大的爱好就是吹泡泡！

绅士鸭

他的名字叫绅士鸭，看得出来他是一只会享受的鸭子。在阳光明媚的日子里，绅士鸭还会轻轻地踮起脚尖为大家跳上一段优雅的鸭式芭蕾舞！

开开

开开，一个聪明的小精灵，没有什么是他不会的，任何科学问题都难不倒他。

目录

穿越古希腊

古代奥运会的由来

孩子们，考考你们关于奥运的知识，知道奥运会的由来吗？

不知道。

一咔一

那么你们知道第一届奥运会是什么时间举办的吗？

?月?日

不知道。

7

那你们总该知道奥运会是什么吧！

难道是新举办的演唱会？

不是，不是，应该是国际首脑会议！

奥运会？是吃的吗？我只吃过奥利奥。

我还是带你们去奥运博物馆吧！

我们可以去好玩的地方啦！

有没有吃的啊？

耶

耶，太好啦！

奥运会的科技传奇

这扇门好奇怪呀！

怎么打开这扇门呀？

啊！

救命啊！

我的汉堡包！

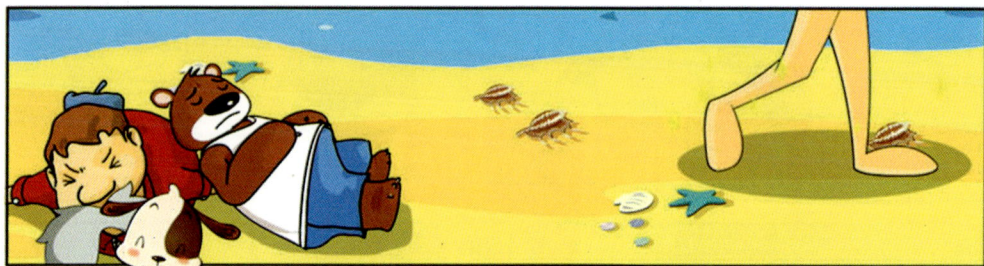

奥运会的科技传奇

哇!

这是什么地方呀!

咦?我的汉堡包呢?

麻烦问一下,我们现在在什么地方呀?

希腊!

啊

本来是想带你们去奥运博物馆的,结果阴错阳差,我们穿越到古希腊了。而且穿越门被一个名叫扎尼斯的渔民拿回家了。没有穿越门就回不去了,哎!

我们去找扎尼斯要回穿越门吧!

不能白给你们，至少要14块金币才能交换。

过了很久他们连半块金币都赚不到。

11
10

有一个办法了！

明天，新一届奥运会就要开幕了，咱们可以通过参加奥运会来赢得金牌和扎尼斯交换呀！

奥运会？

我告诉你们奥运会的由来吧！

宙斯的父亲克洛诺斯想把王位传给宙斯，为了考验儿子的能力，他决定与宙斯进行摔跤比赛。如果宙斯获胜，便可继承王位。

结果克洛诺斯不敌宙斯，败在儿子手下。

宙斯成为万神之首，他决定在奥林匹亚举行一场盛大的庆典活动！包含各类竞技比赛，这就是最初的古代奥运会。

我们报名参加，去拿金牌。

奥运会的由来

现代奥林匹克运动兴起于欧洲资本主义工业时代。但其渊源可以追溯到古希腊的奥林匹克运动会。古代奥运会每四年一届，从公元前776年有文字记录的第一届奥运会到公元393年，共举办了293届，历时1169年，经过了产生、发展和衰落几个阶段。

宙斯 的 庆典

狂欢节般的开幕式

咯咯咯二

起床啦！

奥运会的所有参与者由裁判长率领，队伍浩浩荡荡，在中午时分到达奥林匹亚。

孩子们，你们知道吗?奥林匹亚这座城造就了奥林匹克运动会。

奥林匹亚?

它是相互理解、友谊团结和公平竞争的代名词。

所有的运动员、教练员、裁判员和运动员的父亲、兄弟在宙斯神像前宣誓。

咱们念什么呀？

随便啦，跟着张嘴就行了。

运动员在场上的祭坛中各自献上供品，请求神谕。绅士鸭献上了他们带来的活鱼。

他们是谁呀！

优胜者获得为奥运会服务的资格，在奥运会期间吹号和宣布选手姓名！

艺术爱好者可以游览圣林，欣赏希腊最壮观的圣殿和画作收藏。

诗人们各自朗诵诗作。

奥运会的科技传奇

画家展示其新的作品。

在这种狂欢节般的气氛中，所有的人都很开心。

古代奥运会的起源

古代奥运会的产生与古希腊社会的政治、经济、文化和宗教有着密切的关系。奴隶社会的古希腊，战争连年不断，为了取胜，各个城邦都利用体育锻炼来培养身强力壮的武士，体育运动就在这种情况下发展起来，逐渐形成了有组织的运动竞赛，为奥运会的产生打下了基础。

停止战争

《神圣休战条约》让战争因奥运会而停止

奥运会的科技传奇

他们又来了！快跑吧！斯巴达人又来攻城了！

原来斯巴达军队又来攻城了！

绅士鸭、眼镜熊赶紧回到屋里来，外面现在很不安全。

这是怎么回事啊？奥运会就快开始了，怎么突然打起仗来了？

古希腊民族是以城邦为单位的分散小国。

嗯？

他们各自为政，城邦间常有吞并和争夺，没有统一的君主。连年的战争需要体格健壮、行动敏捷的士兵。

招募

所以集会比武是当时君主发明的一种培养合格士兵的手段。

伊利斯城邦的人占据着奥林匹亚，而斯巴达人一直想占领这块圣地。伊利斯城邦人顽强抵抗，斯巴达人久攻不破，但其实两地的百姓都渴望和平，渴望着参战的家人能够平安返回。

原来是这样啊！

哇，大家都跑回家躲起来了！

唉……该怎么办呢？

如何让奥运会如期举办而不受战争的干扰呢？

一定要与斯巴达王达成协议。

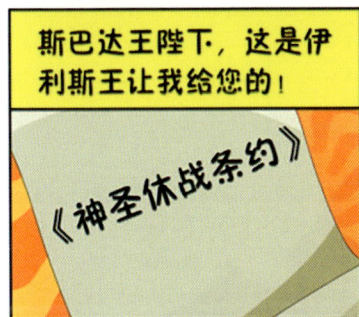

斯巴达王陛下，这是伊利斯王让我给您的！

《神圣休战条约》

撤兵了，撤兵了！

咱们去街上看看！

停止一切战争！参加运动会！

火炬就像一道严格的命令，有至高无上的权力，火炬到了哪里，哪里的战火就必须熄灭。即使是在激烈厮杀的城邦，士兵也都纷纷放下武器，神圣休战开始了……

希腊又恢复了往日的和平，人们忘记了仇恨，忘记了战争，这一切都是为了奥林匹克运动会……

奥运会终于能如期举行了，这样我们才能放心地回去。

早日拿到穿越门，返回现实世界，这对我们来说是最重要的……

《神圣休战条约》

《神圣休战条约》起到了熄灭战火的保障作用，奠定了把奥运会作为和平、友谊象征的基础。为了奥运会如期举行，它让战争必须马上停止，这对维护、促进各民族之间的团结友谊起到了积极作用，也推动了古希腊文化的发展。

健美的肌肉

古代奥运会的特色

我想找一个能够很好地观看比赛的位置。

我们派出我们当中短跑最快的眼镜熊去参加比赛吧!

你能不能快点啊!

教练爷爷,我穿这件衣服行不行?

啊，穿哪件都好，总之到了那儿就不需要了……

我们就在这里看你比赛！

叽里咕噜……

比赛马上就要开始了，赶紧走吧！

啊？可是我不穿衣服去比赛会很别扭，比赛时肯定也发挥不好……

放心！为了你比赛能正常发挥，裁判员已经特许你着装比赛啦！

太感谢了！可他们怎么有这个规矩的？

由古希腊的风俗习惯、艺术风格、地理环境和物质生产等因素决定，"赤身运动"是它的一大特色。

比赛时，要求裸体的运动员全身涂上橄榄油，以使身体在阳光的照射下熠熠生辉，肌肉更富有弹性，更加显示出运动员健美的体态，使人们从中得到一种美的享受。

噢，还有一点能不能通融一下，我们毕竟是从文明社会穿越过来的啊！看着他们赤身裸体比赛多尴尬啊！

放心吧，裁判已经考虑到这一点了，只要我们去比赛，他们也会尊重我们，运动员穿短裙比赛！

太好了！古希腊真不愧是四大文明古国之一啊！

教练爷爷，为什么观众席上一个女人都没有啊？这太奇怪了。

哈哈，你说的没错。这是因为古希腊奥运会的规则规定：禁止女人参加和观看比赛，违反者要受到极刑处置，有两个原因。

二是古希腊的体育竞技，是宗教庆典内容之一，是不允许女性出席的。

一是古代奥运会的大部分比赛项目在相当长的时间内，要求运动员赤身裸体进行比赛，女性到场自然就有伤风化。

奥运会的科技传奇

现在你知道整个体育场一个女人都没有的原因了吧。

啊！原来是这样啊，那一会儿眼镜熊也要裸体参加比赛吗？哈哈，这下有得看了！

呵呵，这次要让你失望了！

裸体参赛的由来

最初古代奥运会运动员是披着兽皮衣比赛。一次比赛中，一位选手不慎将狮皮脱落在地，顿时变成赤身裸体，可他并未因此而影响发挥。最终他击败了对手，夺得了橄榄冠。在这次意外中，人们发现裸体更能体现肌肉的健美，领略了一种特殊的魅力，于是规定以后都赤身比赛。

古代奥运会的处罚规则

奥运会的科技传奇

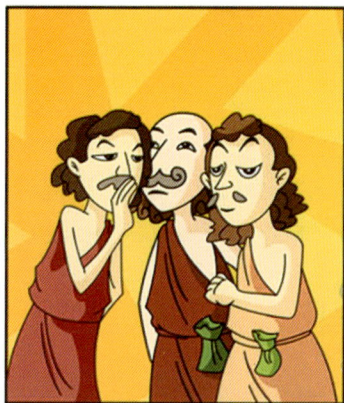

兄弟，我有件事想拜托你，这次比赛对我来说非常非常重要。

我很想拿到冠军，希望你能成全我，这里是三块金币作为答谢，你若答应，一会儿就必须在赛场上故意输给我！

保证让我拿到冠军，事成之后，还会再给你三块金币的。你觉得怎么样？

你们在干什么!

你们已经严重违反了比赛规定!你们把比赛当作交易吗?

奥运会是神圣的,光明正大地取胜才是最光荣的,反之,则是对神圣事业的亵渎!

奥林匹克的胜利是不可以用金钱买的,而需要依靠飞快的双脚和健壮的体魄。

没收这三个违反规定的人的全部金币！

取消他们的参赛资格，把他们带走！

幸好我没拿那些钱。

快出来啊！

处罚规则

古希腊人认为，奥运会是神圣的，光明正大地取胜才是最光荣的。反之则是对神圣事业的亵渎。古代奥运会对于行贿、受贿者是严惩不贷的，不仅要剥夺冠军的称号，还要罚重金以警世人，罚金则全部用于雕刻宙斯像。

短跑

献给宙斯的最早祭品

短跑赛场设在阿尔蒂斯神域内，短距离竞赛项目跑道是宙斯神庙和珀罗普斯墓之间的一条大道，全长为一个"斯泰德"（约192.27米）。

上场！

好紧张啊！

运动员们都到起跑线后面的准备区就位，都站到起跑线上。

运动员们活动着手腕、脚腕。健壮的身体、结实的肌肉，黝黑的皮肤刚抹了橄榄油，在太阳光下闪耀着一个个高光点。

注意！各就各位！预备！

完蛋了！

啊！啊！

疼死我了！

哇！

太残酷了！

嗯，果然是这样的。

抽那个故意抢跑的。 对，使劲抽！

抽他！

在古代奥运会赛跑比赛中，抢跑者会遭受十分严厉的处罚。裁判员手执长鞭，会毫不留情地用力抽打抢跑者。

把他拉出去！

谁都别想抢跑，抢跑的人没好下场。剩下的人各就各位，准备开始比赛。

哎呀，好在我没提前跑出去呀，这也太狠了吧！

奥运会的科技传奇

我知道你们都很惊讶为什么冠军没有金牌。据说古希腊奥运会没有设置金牌作为奖品，只给冠军颁发一个橄榄枝花环。

不知道怎么办才好。也不知道什么时候才能拿回穿越门……

事已至此，我们也没有办法，只能继续比完余下的比赛项目，再打工赚金币了。

短　跑

短跑是古代奥运会设置最早、普及最广的项目。在古代奥运会赛跑比赛中，抢跑者会遭受十分严厉的处罚。古希腊奥运会与今天的奥运会不同，没有金、银、铜牌，只有冠军才能获得"花冠"，而亚军、季军皆无奖励。

拳击

用拳头说话的比赛

今天是拳击比赛日，大家在屋里开会商量今天谁上场比赛。

大家都得听我的，我说让谁上场谁就得上场。

……

多吃点儿，再吃一碗吧？

吃饱了……您不会是让我去参加拳击比赛吧？

嗯嗯!

赛场就设在昨天比赛场地旁边的一大块空旷的平地。

贝贝熊尽快做好准备，先热身，再绑手！

绑手就是参赛者用在油脂内浸过的、柔软的牛皮带缠绕在自己的手掌及手指上。

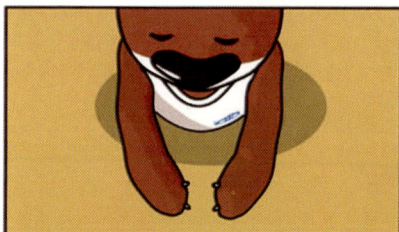

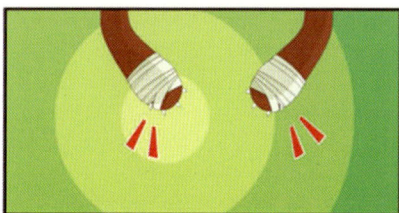

油脂

牛皮带

好的！

大家请听好，我现在说一下比赛规则：
比赛没有场地边界和时间限制，没有"回合制"，
不允许打击腰部以下任何部位。取胜主要靠
身体耐力和勇敢的拼搏。祝大家好运！

这都是小菜一碟！

怎么说我也是堂堂
男子汉，我不发威，你当我
是小熊维尼啊！

呃！

我又赢了！

我们还是回家吧，再怎么比也是他赢！

贝贝熊是这场比赛的冠军，大家祝贺他！

太好了！我们又得了一个橄榄枝花环。

拳击比赛

古代奥运会的拳击比赛，无论是在形式、比赛规则还是在竞技时所用的手具方面，均有别于现代的拳击运动。那时，拳击者可以继续击打已经倒地的对手，直到对方昏迷过去或举起右臂伸出食指承认失败为止。

赛马

奥林匹克大赛马

一号，运气不错！

他为什么这么高兴？

参赛选手在赛前需要抽签决定马匹在赛道上排列的位置。一号签就代表绅士鸭可以排到赛道最内侧的位置比赛，因为赛道是椭圆形的，所以绅士鸭可以紧贴赛道最内侧跑圈，等于是抄了近路。

竞赛规则：赛道全程长约770米。按参赛者跑完全程的先后次序确定名次。

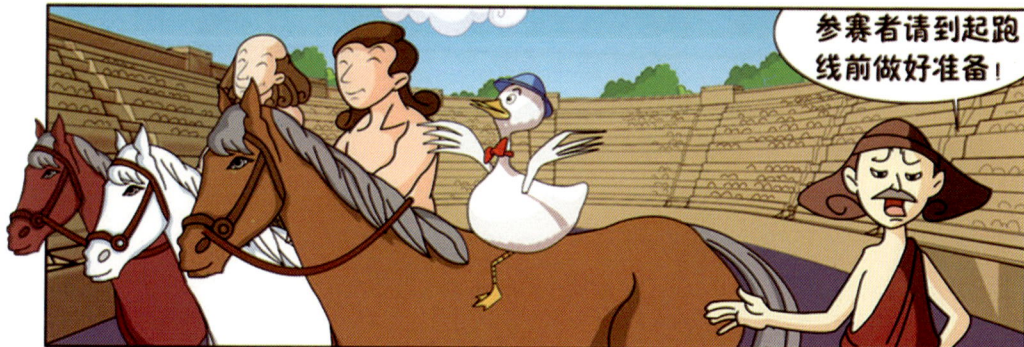

参赛者请到起跑线前做好准备！

看！绅士鸭骑在马上好像一个小点儿，不仔细看还以为那匹马没人骑呢。

等裁判拉着的绳索一落地，大家就可以开始赛马了。

一，二，三，哗！

由于每次比赛的赛马没有装马鞍和脚蹬，骑手骑在光滑的马背上进行角逐就非常危险。不少骑手由于马匹失足或骑术不高而摔下马来摔断了手脚，有的甚至当场摔死或被马匹踩死，场面相当惨烈。

呼呼

进入最后冲刺阶段了，绅士鸭还真厉害，现在在最前面，这次肯定赢定了。

真好吃！

怎么回事？快点去比赛，我的天啊！

后面的赛马眼看就要追上来了，如果超过绅士鸭率先冲过终点，那冠军就不是绅士鸭了，情况不妙啊！

快跑啊！快跑！

哈哈，又得了一个冠军橄榄枝花环！

赛马

赛马比赛时，参加角逐的骑手策马疾驰第一圈后，便纵身跃下马，手握缰绳，脚不停步地坚持与其"伙伴"共同奔跑，一直向终点冲刺。这不但需要骑手在飞速驰骋中掌握高超的赛马技术，而且骑手本身也要有较好的奔跑能力。

掷 铁饼

天气真好，我们已经拿到了好几个冠军了！

虽然还不知道去哪里弄金币换回穿越门，但我们还是完成这次奥运会所有的比赛再想办法吧。

今天教练爷爷派谁去比赛？

那就眼镜熊吧。

铁饼是从一个被古希腊人称为"巴尔比斯"的场地上掷出的，参赛者掷铁饼时要站在那上面。

"巴尔比斯"占地面积很小，只够一个人活动之用，除其后方外，周围均有标线。

奥运会的科技传奇

52

看，有人在"巴尔比斯"里面空手练习动作！

动作太漂亮了！

"希腊式"掷铁饼动作非常经典嘛！

大家都到中央来！

这哪是铁饼啊，根本就是一个大石块，形状略成圆形，中心厚而其他地方薄点嘛！

教练爷爷给我讲过，在古代奥林匹克运动会的掷铁饼比赛中，所用的铁饼是用石头制成的，后来才逐步演变成用各种金属制作的铁饼。

每个人都试一下这块"铁饼"，然后抽签决定出场投掷的顺序。

我是最后一个啊！

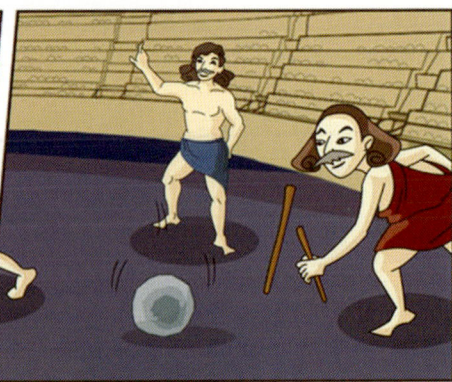

我怎么去插标杆啊？投掷得也太远了吧？

太漂亮了！好样的！

我本来还想拿冠军呢，看来是没戏了，遇到厉害对手了！

冠军属于眼镜熊！

哈哈，我又赢了。又得了一个橄榄枝花环。

掷铁饼

据说在公元前696年的第21届古代奥运会上，有个优秀的斯巴达城邦的运动员就死于飞来的铁饼之下。随后仲裁委员会作出规定，任何人都不准在比赛时无故进入投掷区域。

跳 远

手握重物向远处跳跃

跳远，源于人类狩猎或逃避野兽时跨越河沟等的活动。

今天比赛跳远，我们要选出一个最轻盈的，跳得最远的人，绅士鸭，今天你上场比赛。

没问题，我就当仁不让了！

看到那个门槛了吗？参加跳远比赛的运动员必须踏在门槛上起跳。这条门槛就是现在起跳板的前身。为了避免运动员落地时受伤，后来就发明了沙坑，古希腊人称之为"斯卡码"，长约15米。

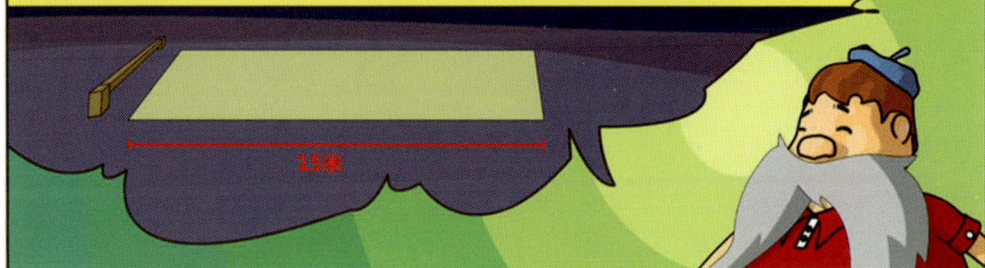

15米

所有参赛运动员到场地中央，我说下·比赛规则。

跳远时，双手要各握住一个石制品，形状与今天使用的健美器械"哑铃"相仿，重量约为两公斤，不拿这种重物参加比赛的运动员就是犯规。

然后通过助跑从稍高于地面的门槛上起跳。

起跳时将双臂向前挥摆。

当身体腾起到最高点开始下落时，将手中重物向身体后水平方向用力抛出，随后身体落在松软的土地上。

为什么要持重物跳远呢？

采用这种"持重跳远法"的目的有两个：一是为了增加跳远时的前冲力量，这种做法和今天的助跑向前腾越是不一样的；二是为了利用重物来保持落地时身体平衡。

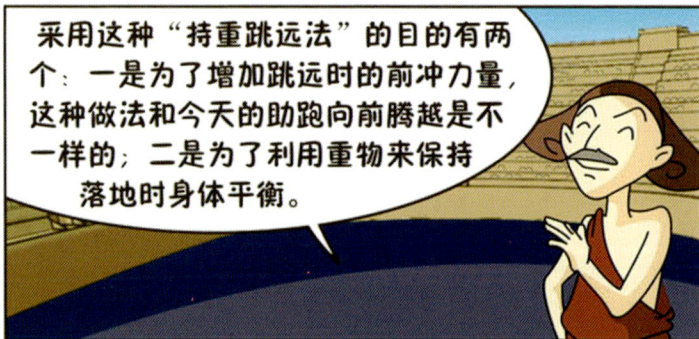

笛声响起，试跳开始；笛声一落，试跳时间结束，过了这个时限成绩无效。

运动员们都到场地上试跳，每位运动员跳三次，记录最好的一次成绩。跳远的成绩不是用皮尺而是用线绳来测量的。

运动员每跳完一次后即在该地点上画一条线并同时在"斯卡码"的边上用木桩作为标记。

两人跳出了一样的成绩！

A赢，B淘汰！

为什么我和他成绩一样却淘汰我？

评定成绩时，不仅要看每个参赛运动员跳远距离的远近，还要看参赛运动员跳跃时的姿态是否优美。

只有两者兼备的竞技者才能获得跳远项目的优胜。可你跳的动作实在是太难看了，所以我们记录他的成绩，不记录你的。

这一跳失败，
不予测量成绩。

好！

绅士鸭跳得很吃力嘛，可是
他还是很坚持地跳出去了！

是啊，而且是最好成绩！
了不起啊，精神可嘉！

绅士鸭荣获了本次
跳远比赛的冠军！

绅士鸭太厉害了，咱们又得了一个橄榄枝花环。

最出色的跳远运动员

古代奥林匹克运动会上最出色的跳远运动员是斯巴达城邦的斐洛布诺托斯，他曾经在古代奥林匹克运动会上七次荣获冠军。有一次，他在跳远比赛中，跳出了17米的优异成绩。当时他越过了沙坑两米多，落到了硬地上，结果摔断了腿骨。据现代人判断，这大概是当时希腊人三级跳远时的成绩，而并非助跑跳远者一次跳所能够达到的。

摔跤

嘿！哈！哎！走！

好啊，今天是摔跤比赛，大家提前来到赛场练习起来了！

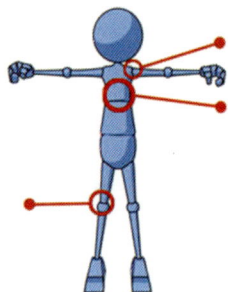

想把对手摔倒，常用的方法有两种：

一是将对方的身体转过来，用臀部顶住，然后猛力一弹将其摔翻在地；

另一种是将对手高高举起摔在地上。

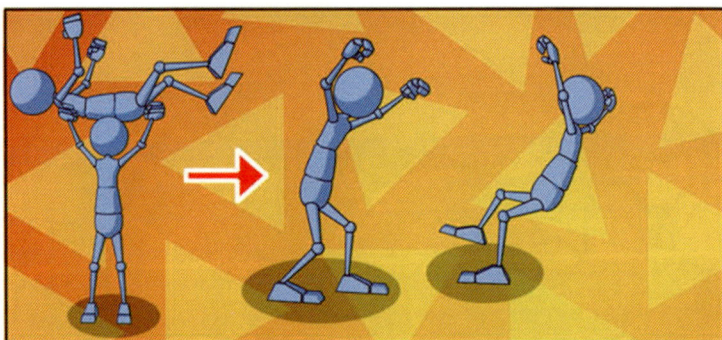

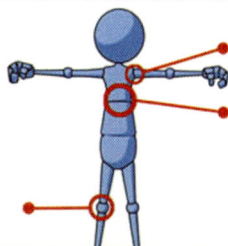

在比赛中，如果一方被摔倒过3次，便被判失败。

另外规定，只要一方肩、胸、膝等部位触及地面就判失败，而无需整个身体都倒下。

对于摔跤者来说，单靠力量是难以取胜的，技巧、毅力、沉着和勇敢也是制胜不可缺少的因素。

大家点点头，都听明白了，便继续练习起来。

你比我厉害，你去参加比赛吧！

好的，好的，那我去吧！

大家来抽签决定分组，分好组后，去做准备。

前面几组选手果然都按照教练爷爷刚才介绍的动作摔了几轮，分出了胜负。

是啊，还淘汰了一些选手。

快看，到最后的决战了！

他俩都大战了十几回合了，那个壮汉肯定体力不支了。

眼镜熊肯定能赢，你看那壮汉眼看着就没劲儿了。

哎呀！疼死我啦！

比赛结束，你严重犯规。

眼镜熊赢得了这场比赛！

眼镜熊，好样的！忍住疼拿到了冠军，我为你感到骄傲！

又有一个橄榄枝花环喽！

摔跤比赛规则

摔跤是古希腊人十分喜爱的运动项目，被视为技术和艺术相结合的运动形式。在摔跤比赛中，运动员可以采用抓、握、夹等方式，也可以运用一定的技巧，如有的采用扭伤对手手指，使对手不能忍受疼痛而认输的策略，但不允许击打、咬伤对手以及在场地外比赛。

赛车

古希腊的 "F1大赛"

教练爷爷在做什么呢？

明天就是赛车比赛了，我把战车修一修。

战车？

呵呵，在古希腊，战车的出现是人类社会生产力进一步发展的结果啊，战车作为一种生产和战斗的工具，较以前的各种工具都大大前进了一步，它是一种较为复杂的组合工具。

哦，所有的人都可以拥有战车吗？

并非人人都能拥有战车。因为战车要有一架性能很好的车身，再加上几匹非常优秀的马，这两样东西都是很名贵的。

正是因为赛车比较昂贵，而一般参加战车比赛的人也大都是贵族，所以古代奥林匹克运动会的战车比赛备受注目。

我们现在还没有赚到足够的钱来购买一辆性能强劲的赛车，但恰好我的背包里有一些合适的工具，就把这辆普通的廉价车改装了一下，安装了发动机，加了一些燃油。

你们看，只要用脚踩下这个摇杆，发动机就会运转，车便会快速前进，如果运气够好的话，我相信我们还能拿到冠军！

出发喽！

×4　×1

每辆双轮战车只允许套上四匹战马并由一名骑手驾驭；竞赛全程为十二圈，大约十四公里。

比赛开始!

太帅了，眼前全都是马腿，我耳朵都快震聋了!

好大的尘土啊!

驾，驾!

为什么每当战车驶向转弯的标志柱时，吹鼓手就吹起号角啊?

一方面是为了提醒驭手注意安全，另一方面也是为那些冒险驱车竞逐的勇士们鼓劲，激励他们奋勇向前。据历史资料记载，在公元前460年的第80届古代奥运会的战车比赛中只有一人没有受伤并顺利到达终点。

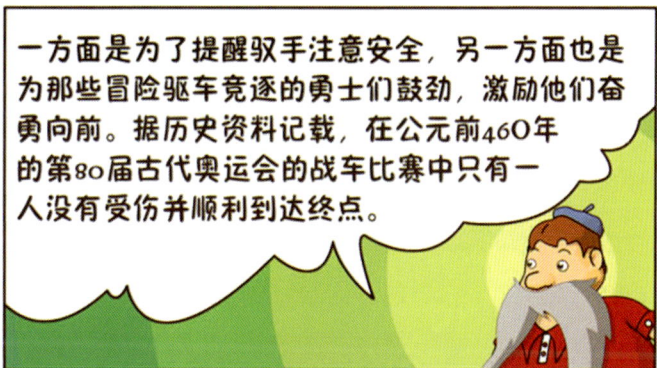

很多参赛选手受伤离场，还有赛车受损而不得不退出比赛。

贝贝熊第一个冲过终点!

贝贝熊夺得了本次比赛的冠军，大家祝贺他！

又一次赢得冠军，我赢得了一顶神圣的橄榄枝桂冠和几匹上好的马、一大罐橄榄油等好多奖品。

我们回家吧，今晚要好好庆祝一番！

哈哈，太好了！

赛车

一般情况下，参加奥林匹克运动会都是要赤身裸体的，所以古希腊是严禁女子参加奥运会的。但赛车比赛则不要求必须赤身裸体参赛，而且也不需要本人亲自参加，所以这类竞技中的一些驭手，都是由他们的主人所供养和选派的。

奥运会的科技传奇

掷 标枪

无弓的射箭运动

标枪在古希腊的军队训练与体育运动中，都占据着很重要的地位。

人们把掷标枪作为一个体育竞赛项目，在训练和比赛中不断地加强自己的力量和提高技巧。

哈哈，今天派眼镜熊去参加比赛！

我们就坐在这儿吧。

大家来试试手。

1.73米，标枪和裁判员一样高啊！

这支标枪是一种直木矛，是用松木制成的呀！

你们看到比赛用的那支标枪了吗？矛尖是用磨尖的石头制成的，以后才逐渐发展成用金属制成的枪尖。

71

标枪中部靠前的地方用细皮条缠绕，皮条尾端结成一个圈，投掷时无名指或无名指和中指一起套入其中。古希腊人认为，这样做既有助于标枪在飞行中沿轴向旋转以保持方向准确，又可充分利用食指和中指的助力，使标枪飞得更远。

所有运动员聚拢到一起，我讲一下比赛规则！

规则

掷标枪比赛分掷远和掷准两种，不限定运动员助跑的距离和投掷的姿势。掷远时，标枪上放置无锋刃的矛尖，用以增加力量并保持平衡；掷准时，则用有锋刃的矛尖，以掷中目标的多少来确定最后的优胜者。

大家还有什么问题吗？

没有！

掷远比赛规则很简单，谁投掷标枪的距离远，谁就是冠军。

哈哈哈！眼镜熊的手指太粗，根本伸不进那个圈圈。

眼镜熊有力量，一定会赢！是吧，教练爷爷？

势均力敌，胜负难料呀。

明天下午会刮东风，如果比赛时是由东向西投掷，那一定要拖到下午投，拖到最后一个出场投，这样我们才能借助最大的风力投出最好的成绩。

万事俱备，只欠东风！

下午，风刮得更猛了。

比赛即将结束，还有没有要出场投掷的？

我！

标枪飞行中除受风向、风力的影响以外，由于标枪的自转，带动周围气体产生变化，对于标枪向前飞行中的稳定性是有利的。在标枪出手时应加强快速有力的"拨枪"动作。

嗖——

哗——

眼镜熊借助风力与合理的技术动作，投掷出了最好成绩！

投准比赛中

太帅了！在掷准环节的比赛中，眼镜熊投掷中的数量最多啊！

哈哈

眼镜熊在掷标枪比赛中获得冠军!

掷标枪

掷标枪在古希腊是一项开展得极为普遍而又深受人们重视的运动项目。据说,在古希腊有些部落选举首领时,即以在掷标枪比赛中投得远而又掷得准的人当选。

长 距离 跑

往返多次的"道力霍斯"

教练爷爷，教练爷爷，给我们讲长距离跑"道力霍斯"的历史吧。

好吧，那就给你们讲讲。

在第14届古代奥运会中增加了一个中距离赛跑"狄奥洛斯"，但是仍然无法满足当时古希腊各城邦体育狂热分子想成为奥林匹克英雄的强烈愿望。

为此，在公元前720年的第15届古奥运会上，长距离赛跑又被列入正式的奥运会竞赛项目。此时，跑步已经在古希腊人的心目中有着不可动摇的地位了。

我们需要选出一位耐力最好的去参加长距离跑比赛，就让绅士鸭去吧！

没问题！

第二天一早

古希腊人把长距离跑称为"道力霍斯"。"道力霍斯"的比赛方法和中距离赛跑一样，也都是在直道进行的，不同的只是在往返的次数上有较大的区别："道力霍斯"赛程的距离一般是"斯泰德"竞赛距离的7~24倍，约4614米。

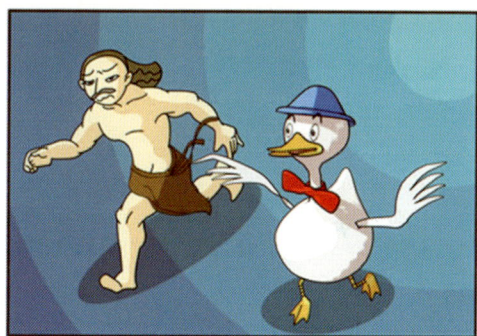

预备

教练爷爷，长距离跑的跑道终点只设一根转向石柱，跑外圈要比跑内圈距离长，那这样不是有点不公平了？

这项规定是竞技者所接受的，这大概与抽签决定跑道道次有关。因为古希腊人认为，抽签的结果表达了神的意志，对神的意志应绝对服从。

最后一次往返。

绅士鸭想起了教练爷爷说过的话

在中长跑的后程，人体已处于相当疲劳的状态。在这种条件下，体内乳酸大量堆积，氧债增加，此时大脑中贯彻正确技术的意识十分重要。

按照正确的技术意识，加强肌群的收缩力量和速度。

加大躯干的前倾，加强蹬摆的配合，增大上肢的摆动幅度，

绅士鸭加油啊，超过他你就是第一了！

绅士鸭急得飞了起来！

第一啦!

长距离跑

　　在古代奥运会上，名叫阿格的赛跑者，获得了"道力霍斯"比赛的冠军，心情无比激动，当天竟从奥林匹亚跑回自己的家乡——亚尔科斯，向家乡的亲人报告自己获得奥林匹克运动会冠军的胜利消息，并且又连夜从家乡赶回奥林匹亚参加第二天的比赛。人们计算他的往返路程，竟达上百公里。

混斗

由摔跤和拳击混合而成的一个竞技项目

一、二、三……

十个冠军！真的很不容易，小伙子们，我们已经拿到十个橄榄枝花环了！

不仅仅只有这些，我们的身体锻炼得更结实了！

还赢得了那些马！

还有那些上好的橄榄油！

哈哈，我们的收获还真不少啊！

明天的比赛非常残酷，大家就不要参加了，我们只作为观众去看一下。

啊？那是什么比赛？

混斗。

混斗是综合摔跤和拳击两个运动项目的比赛，但混斗比摔跤和拳击更为激烈、残酷。它在公元前648年第33届古代奥运会上才被列为正式竞赛项目。

听上去很恐怖，教练爷爷，什么是混斗？

这么危险的比赛，还是不参加为好，否则万一受伤的话，后面的比赛就都给耽误了。

是啊，是啊！

唉，换回穿越门的金币还不知道去哪儿弄呢！拿到这么多橄榄枝花环，不知道能有什么用？

我宣布一下比赛规则。

不准用嘴咬人和用手指刺伤对方眼睛。运动员身体的任何部位都是进攻的武器，可以用各种动作和方法打击对手。

开始

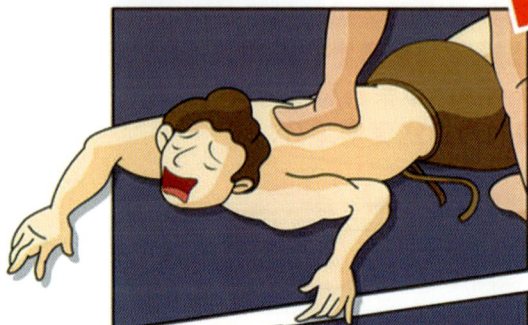

犯规！

场面惨不忍睹！

当这项比赛的冠军真不容易……

幸好没参加……

混斗

在古代奥运会的比赛项目中，最危险的就是混斗，它综合了摔跤和拳击。混斗比赛剧烈而危险，比赛要一直进行到使对手丧失抵抗力或承认失败为止。

武装 赛跑

武器拥身的竞技项目

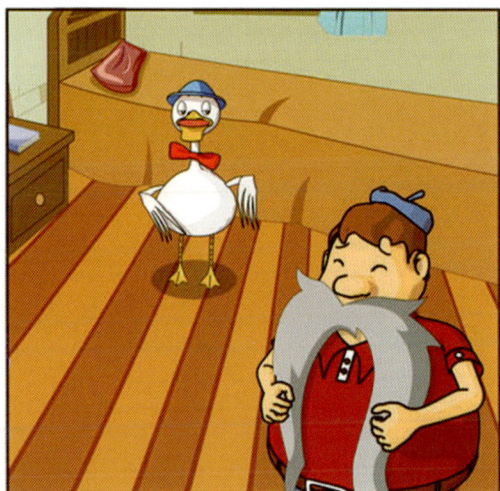

今天是武装赛跑比赛，我们还是不要去了，我不确定赢得这么多花环对我们来说是不是有意义的事情。

好，好，好！

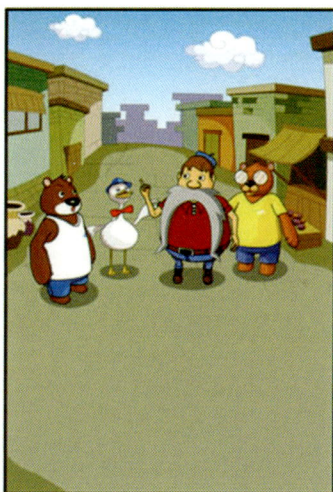

我给你们大家讲一个关于武装赛跑的故事吧！

相传，在很久很久以前……

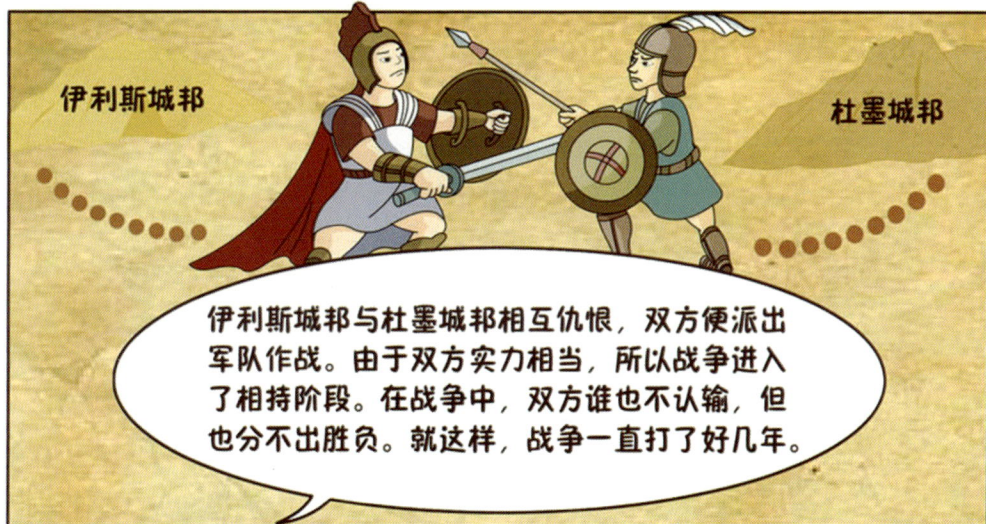

伊利斯城邦

杜墨城邦

伊利斯城邦与杜墨城邦相互仇恨，双方便派出军队作战。由于双方实力相当，所以战争进入了相持阶段。在战争中，双方谁也不认输，但也分不出胜负。就这样，战争一直打了好几年。

那武装赛跑是怎样比赛的呢？都有哪些武装呢？

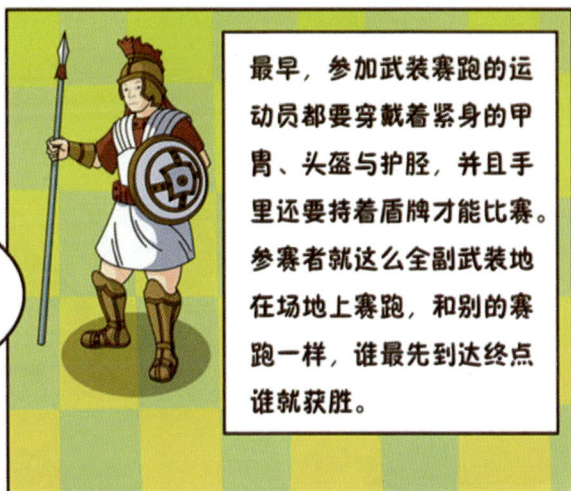

最早，参加武装赛跑的运动员都要穿戴着紧身的甲胄、头盔与护胫，并且手里还要持着盾牌才能比赛。参赛者就这么全副武装地在场地上赛跑，和别的赛跑一样，谁最先到达终点谁就获胜。

后来，由于众多参加武装赛跑的运动员抱怨说穿着笨重的甲胄赛跑影响了发挥，仲裁委员会也考虑到甲胄太重不利于比赛，于是又重新规定运动员只带着头盔、手持着一面盾牌参加角逐。

那么武装赛跑需要跑很远吗？

武装赛跑的距离大约相当于今天的800米。但是其他竞技场的武装赛跑距离是规定不一的，可由组织者随意改动。

教练爷爷，那明天我们去哪儿玩啊？

明天的比赛虽然很有意思，但我们却不能参加，只能去参观一下。总之，去了你们就知道了！

好的！好的！

武装赛跑

　　据史料记载，古希腊人在运动会上增设武装赛跑这项比赛项目，另外的一个目的是为了反映步兵已全副武装，取代了骑兵成为古希腊的主要军事力量，也是为了向异邦民族宣告希腊民族是不可战胜的。

少年竞技

·少年们的赛事

教练爷爷，我们去看昨天你说的那场有意思的比赛吧？

好，我们出发。

今天赛场内的声音和以往大不一样。

嗨

嘿哈

教练爷爷，教练爷爷，以往都是成年男子讲话、做动作发力时的"嘿、哈"声，今天怎么全部换做了少年的声音，我们是不是走错路来到哪所学校了？

果然，运动员全都是少年，他们的身体看上去虽然还显得比较瘦，没什么肌肉，但都晒得黑黑的，显得很健康。

这就是我昨天和你们说的有意思的比赛。今天是少年竞技项目比赛。

什么是少年竞技项目比赛。

教练爷爷，怎么今天来了这么多少年？

来，我们先找个位子坐下，我慢慢讲给你们听。

从公元前632年第37届古代奥运会开始，逐渐增加了少年竞技项目。

最初增加的比赛项目是少年场地赛跑和少年摔跤。

公元前628年，在第38届古代奥运会上，又增加了少年五项竞技。

公元前200年，在第145届古代奥运会上，增加了少年混斗。

等一下，教练爷爷，那我们现在所处的年代是公元前多少年？

这个……我也不清楚……

公元前616年，在第41届古代奥运会上，增加了少年拳击。

等会儿我们看这些少年都比赛哪些项目，我们就能知道了。

嗯，有道理！

教练爷爷，多大年龄的孩子才可以参加少年竞技项目比赛呢？

竞技者年龄限定在17岁至20岁。

显然，这些项目在规则的要求、动作的难度方面均低于成年人嘛！

但这些少年都很可爱哦！

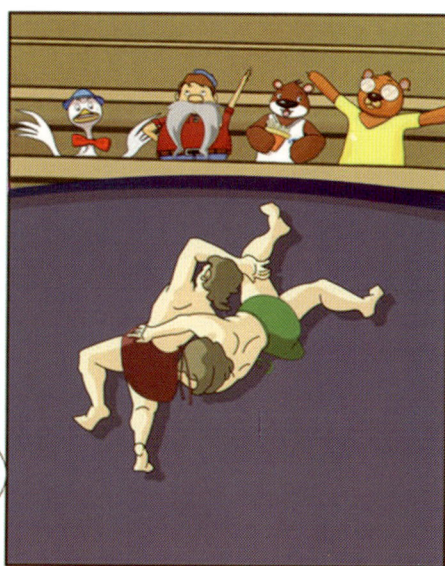

明天就是闭幕式了，时间过得真快啊……

少年竞技项目

据说斯巴达城邦曾有一段时期不准许少年选手参加诸如拳击和混斗运动项目的竞技。其主要原因是为了不希望自己城邦的少年选手在他们还未成年的时期，就在竞技比赛中养成一种"承认失败的坏习惯"，而有碍于他们效忠城邦信念的培养。

颁奖 仪式

激动人心的闭幕式

大家都换上正式一点的衣服，准备去参加闭幕式。今天绅士鸭子和贝贝熊要作为优胜者接受表彰。

你看眼镜熊看到这么多观众，这么多好看的希腊女孩儿，脸都红了！

让最年长的裁判官给他们戴上橄榄枝编制的头冠，意为神圣的橄榄树的活力，通过头冠传递给获胜者。

哎哟，差点摔下去！

这苹果好大哦！

我见到一个很面熟的人。

就是穿得很富贵，身上有很多昂贵的饰品，骑着高头大马，穿着名贵衣服的那个！

哦，看到了，就是那边那个！

我究竟在哪里见过他呢？怎么想不起来了。

对了，是扎尼斯！

古代奥运会

在一千多年的奥运会历史上，主要竞技项目有十多项，大部分项目与军事有关，因此，比赛对抗性强、竞争激烈，有的项目甚至会出现伤亡事故，但奥运会是以这些竞技体现勇敢、强壮和健美，体现古希腊人的崇高的理想和追求，因而给后世留下了宝贵的体育遗产。

奥运会的科技传奇

尼古拉斯

取回神秘门

扎尼斯！

扎尼斯！快把门还给我们！

你好啊，老头儿，真巧啊，怎么你们也来参加闭幕式了？

我正要找你们呢，看，我现在不错吧，我的这些穿戴，每样都比你们那个破门贵百倍，哈哈！

让我没想到的是，你们那个破门，还真的有人喜欢呢，竟然出高价把它买走了，真是个冤大头，哈哈哈哈……

什么？你说你把它给卖了？

对呀，不然我哪有钱买身上这些好东西呢？

我为什么不能卖？你可别忘了东西是我捡到的，那就得归我。我想卖就卖，想留就留，你管不着！

你怎么能把它给卖了？你把它卖给谁了？

你把它卖给谁了？

一个富商，很有钱的富商。也只有像他那么有钱的傻瓜才会花那么多钱买那样一扇破门。

全城首富，尼古拉斯，大家都认识他。

他叫什么？住在哪儿？

你们先去参加宴会，我去找尼古拉斯！

我们也要和你一起去。

听我的话，在这等着我！

好吃！

也不知道教练爷爷能不能把门要回来！

那个叫尼古拉斯的人会把穿越门还给我们吗？

不知道。但我想教练爷爷会告诉那个人，那扇门对我们来说很重要。请他千万要保管好，我们早晚有一天会买下它的。

这一趟白跑了。只能记下地址，下次再来找尼古拉斯了……

教练爷爷打听到了尼古拉斯的住处，敲了很久的门也没人开。

运动员

古代奥运会有十分鲜明的民族色彩，所以对运动员的身份有严格的规定：1. 必须是希腊人。2. 必须是自由人。3. 必须是男子。运动员也要在宙斯神像前举行宣誓仪式，他们保证不以非法手段取胜，保证不破坏奥运会规定。当一系列考查合格后，他们的名字就被写在一块木板上，挂到奥林匹亚最显眼处。

返回 现实

荣耀的橄榄枝花环

我，尼古拉斯，敬各位优胜者一杯酒。你们为大家诠释了什么叫做力量、速度、勇气。先干为敬！

尼古拉斯！

没错，那扇门很漂亮，我非常喜欢，所以收藏了。

你是不是从扎尼斯那儿买了的一扇门？

那扇门对我们来说非常非常重要，请你开个价，无论多少钱，我们一定买。

等一等，老先生，请问您是谁？

教练爷爷把来龙去脉向尼古拉斯讲了一遍。

啊，原来你们是奥运会的优胜者。

我最敬佩优胜者。不如这样吧，那扇门毕竟是我花大价钱买来收藏的，但你们比我更需要它，而你们又拿不出许多钱来买下它，我们能否做个交换？

太好了，你想让我们拿什么交换？

拿你们赢得的所有橄榄枝花环。我非常想拥有花环，但我的身体条件又不允许我参加比赛。所以我想要你们拿橄榄枝花环来和我交换那扇美丽的门。好吗？

好！成交！

我们终于拿回了穿越门。

我终于得到了我梦寐以求的象征着古代奥运会最高荣誉的橄榄枝花环！

优胜者

古代奥运会的优胜者在古希腊极受人们的尊敬和崇拜，冠军的称号不仅给优胜者本人，而且也给优胜者的父母和他所在的城邦带来极大的荣誉。在希腊人的心目中，获得奥运会冠军称号的人是宙斯神最喜爱的勇士，是古希腊最优秀的公民，因此，所有参加奥运会的竞技者都认为比赛的目的就是获得冠军。

小问题：

你知道"斯泰德"吗？这是一个长度单位。那么一个"斯泰德"有多长呢？

请登录http://amuseum.cdstm.cn/AMuseum/olympics/奥运科技博物馆寻找问题答案。